Heinz Stade

Die Krämerbrücke

Rhino Westentaschen-Bibliothek
Band 73

Heinz Stade

Die Krämerbrücke

RHINOVERLAG

Trotz gewissenhafter Bearbeitung kann eine Haftung für den Inhalt nicht übernommen werden. Für aktuelle Ergänzungen und Anregungen ist der Verlag jederzeit dankbar.
Wir bedanken uns bei allen, die uns unterstützt haben.

Fotos: Dr. Lutz Gebhardt, außer: Seite 26 oben, 36, 38: Stadtarchiv Erfurt; Seite 20, 60: Anette Cotta; Seite 23: Heinz Stade; Seite 30: Maria Backhaus; Seite 51, 53: Marco Wicher; Seite 62: privat Egon Zimpel; Seite 83: Matthias Wagner; Seite 85: Andrea Heese-Wagner; Seite 93: Nicole Güntek

Impressum

© 2019, 2024 RhinoVerlag Dr. Lutz Gebhardt & Söhne GmbH & Co. KG
Am Hang 27, 98693 Ilmenau
Tel.: 03677 / 46628-0, Fax: 03677 / 46628-80
www.RhinoVerlag.de

Titelbild: Dr. Lutz Gebhardt
Layout, Satz: Verlag ***grünes herz***®, Sibylle Senftleben
Schrift: Adobe Garamond Pro
Titelgestaltung: Jana Rogge, Weimar

2. Auflage 2024
ISBN: 978-3-95560-073-0

INHALTSVERZEICHNIS

Vorwort

Bebaute Brücken wie die Krämerbrücke in Erfurt gibt es auch andernorts. Bad Kreuznach, London, Paris oder jene in Florenz seien genannt. Wegen ihres Alters, ihrer originellen Baugestalt, ihrer wechselvollen Geschichte, ihrer verkehrsgünstigen Lage in der Mitte Europas und natürlich wegen des hochgeschätzten unverwechselbaren „Brückenmilieus" der Gegenwart, ist die Krämerbrücke aber von allen die vielleicht wertvollste.

Die Krämerbrücke auf ganz persönliche Weise kennenzulernen und zu erschließen, gibt es vielfältige Möglichkeiten. Ausdrücklich empfohlen aber sei ein Besuch in dem weitgehend öffentlich zugänglichen „Haus der Stiftungen" (Nr. 31). In dem für die Brücke durch und durch typischem Gebäude kann man sich gut vorstellen, wie eng es auf der Krämerbrücke zugegangen sein muss, als in einem solchen Haus noch eine ganze Familie mit mehreren Generationen gelebt hat und zugleich im Erdgeschoss einen Laden betrieb, von dem diese Familie leben musste. Sehr schön kann man nachvollziehen, wie in einem Brückenbogen ein „Keller“ als Vorratsraum eingerichtet wurde – Blick zum Wasser inklusive. Interessant ist ebenso die im Winter vor Kälte schützende Bohlenstube im 1. Obergeschoss. In dem Haus präsentieren sich die städtische Krämerbrückenstiftung, die Deutsche Stiftung Denkmalschutz und die treuhänderisch von ihr verwaltete „Elisabeth-und-Fritz-Thayssen-Stiftung“ sowie das Ortskuratorium Erfurt der Denkmalstiftung. Reich illustrierte Infotafeln, ein Brückenmodell und ein großformatiges „Krämerbrücken-Blätterbuch“ liefern hinreichend Auskunft zum Kulturdenkmal Krämerbrücke, zu seiner Entstehung, Geschichte und fortwährenden Erhaltung. Dass das Haus seit seiner Eröffnung im Jahr 2000 weit über eine Million Interessenten besucht haben, spricht für sich.

Mit derlei Kenntnis ausgestattet, lässt es sich tief eintauchen in das außerordentlich liebenswerte besondere „Milieu“ der Krämerbrücke unserer Tage. Einmal abgesehen von Trubel und Gedränge, die Veranstaltungen wie das traditionsreiche „Krämerbrückenfest“ oder der Weihnachtsmarkt auch auf der Brücke mit sich bringen, scheint in diesem schmalen, historischen Gässlein alles etwas geruhsamer vonstattenzugehen. Auch das könnte gemeint sein, wenn der hier ansässige Puppenbauer Martin Gobsch von einer „großen Sehnsucht der Leute nach Dingen, die eine andere Geschwindigkeit

haben“, spricht. „Die Brücke ist wie ein Dorf in der Stadt“, heißt es hier immer wieder. Daran haben alle, die hier wohnen und arbeiten, ihren Anteil. Aus Platzgründen musste ich mich auf eine Auswahl von „Brückenmenschen“ begrenzen. Dass sie mit ihren Geschichten fürs Brückenmilieu als Ganzes stehen können, hoffe ich. Neben den an diesem Buch per Interviews und Beigabe von Fotos aus den privaten Archiven „mitwirkenden“ Brückenmenschen möchte ich mich für hilfreiche Unterstützung auch bei Herrn Denkmalpfleger a. D. Gerhard Kaiser, bei Herrn Wolfgang Zweigler (Krämerbrückenstiftung) und bei dem Erfurter Stadthistoriker Dr. Steffen Raßloff bedanken.

Heinz Stade

Einleitung

Das vor bald 1.300 Jahren erstmals urkundlich erwähnte und seit 2023 mit dem Titel „UNESCO-Weltkulturerbe“ geadelte Erfurt liegt am Wasser. Da ist es selbstverständlich, dass es an Brücken nicht mangelt. Nicht unbedingt zwingend ist es, dass darunter – wie in Erfurt – architektonische Schönheiten verschiedener Epochen in erstaunlicher Zahl entstanden sind. Die Krone unter allen Bauwerken, welche die aus dem Thüringer Wald kommende Gera beim verzweigten Lauf durch Erfurt überspannen, gebührt freilich der Krämerbrücke. Mit diesem einen von rund einer Million registrierten Denkmalen in Deutschland, macht Erfurt Staat.

Wegen seiner günstigen geografischen Lage in der Mitte Deutschlands ist Erfurt seit dem Mittelalter das politische, wirtschaftliche, kulturelle und kirchliche Zentrum der Region. Im Mittelalter war es ein angesehener Markt- und Warenumschlagplatz. Durch das Geleitsrecht der Landesherren und das Stapelrecht der Stadt waren die durchziehenden Kaufleute gezwungen, die durch Erfurt verlaufenden Straßen zu benutzen und für einige Zeit hier auch ihre Waren feilzubieten. Hier kreuzten sich für den europaweiten Handel wichtige, für Kutschen wie Fuhrwerke einigermaßen befahrbare, bis ins 18. Jahrhundert ungepflasterte Straßen. Allen voran sei an die „Via Regia", die alte West-Ost-Handelsverbindung, erinnert. Von Köln über Frankfurt und Eisenach kommend, führte sie über den Domplatz in die Innenstadt. Der wörtlich mit „Königsweg" zu übersetzende Name der Fernhandelsstraße verdeutlicht, dass sie unter königlichem Schutz stand. Etwa in Höhe Fischmarkt-Marktstraße-Domplatz kreuzte sie die von Nürnberg über den Thüringer Wald und Erfurt weiter zu den Seestädten im Norden führende alte Handelsstraße. Eine am vermutlichen Urstandort nachempfundene Furt nördlich der heutigen Brücke machte es den Händlern und Reisenden möglich, die seinerzeit wesentlich mehr Wasser

als heute führende Gera weiter Richtung Leipzig, Lausitz und Breslau zu passieren. Bedeutende Straßen wie diese beiden waren Lebensadern,

Nachempfunden und begehbar: Die Gerafurt

die den Austausch förderten, die Neues gedeihen ließen und auf der sich Menschen, Waren, Kunst und Ideen unaufhörlich begegneten. In den Erfurt berührenden Bundesautobahnen 4, 71, in gut ausgebauten Bundes- und Landesstraßen, einem modernen Verkehrsring um Erfurt, im ICE-Bahnhof und dem Flughafen fand diese vorteilhafte Lage ihre zeitgemäße Fortschreibung. Schon Martin Luther, der in Erfurt als Student, Dozent und Mönch nach eigenen Worten lebensprägende Jahre verbrachte, empfand die Stadt als „am besten Orte liegend" und einer „Schmalzgrube" gleich. Handel, Handwerk, Gewerbe, Industrie und Gartenbau auf der einen, sowie ein zeitweise europaweit maßstabsetzendes geistiges und kulturelles Klima auf der anderen Seite, sorgten in Erfurt für Wohlstand, Ansehen und Berühmtheit. Dies spiegelt sich auch in den gebauten Zeugen vergangener Epochen wider.

Die in ihrer Grundstruktur nahezu vollkommen erhalten gebliebene Altstadt ist ein Flächendenkmal, dessen heutiger Zustand vorbehaltlos bewundert wird. Mit der deutschen Wiedervereinigung bekam der bis dahin ver-

Martin-Luther-Skulptur am Rathaus

nachlässigte, ja fast aufgegebene Altstadtkern zurück, was ihm verloren gegangen war: eine lebenswerte Atmosphäre. Häuser und ganze Straßenzüge strahlen auf die hier Wohnenden und Flanierenden wieder Würde, Schönheit, Glanz und Unverwechselbarkeit aus. Aus dem einzigartigen mittelalterlichen Altstadtensemble ragen rühmenswerte Sehenswürdigkeiten im wahrsten Wortsinne noch heraus. Der Dom und die sich neben ihm erhebende Kirche St. Severi bilden mit den 70 Stufen davor alljährlich im Sommer die einzigartige Kulisse für die Domstufenfestspiele, für das Martinsfest am 10. November, für den außerordentlich beliebten Erfurter Weihnachtsmarkt oder die von einheimischen Gärtnereien geprägten Wochenmärkte. Auf dem benachbarten Petersberg steht man auf dem Grund von Erfurts erster steinzeitlicher Siedlung, auf dem Gelände, das Herrschende als vorzüglich geeigneten Ort für eine Pfalz oder einen Reichstag ausgewählt hatten. Über die Zeiten entstanden auf dem Petersberg ein Kloster (woran Reste der Kirche erinnern) und eine Festung. Letztere kehrt mehr und mehr mit freundlicher Dominanz in das städtische Bewusstsein zurück und präsentierte sich im Jahr 2021 erfolgreich als innerstädtischer Standort der Bundesgartenschau.

Der Petersberg, neben dem Domberg als Stadtkrone geschätzt, ist ein idealer Aussichtspunkt. Von hier grüßen in der Ferne der Ettersberg bei Weimar, das seit Generationen beliebte städtische Ausflugsgebiet Steigerwald und auch einige Formationen des Thüringer Waldes. Wie von einem Balkon im 10. Stockwerk schaut es sich hinab auf die Erfurter Innenstadt. Mit dem Domplatz, der Marktstraße,

Blick vom Petersberg auf den Domplatz

dem historischen Viertel der Universität, der Langen Brücke, dem Augustinerkloster, dem Rathaus und immer wieder auch mit den Türmen, denen teils die Kirchen fehlen, schieben sich unerwartet viele Sehenswürdigkeiten ins Bild. Auch der egapark – die zweite Kernfläche der BUGA 2021 – schiebt sich vom Petersberg aus gesehen in das städtische Panorama. Und freilich lässt sich von hier aus auch jenes Bauwerk verorten, dem dieses Büchlein gewidmet ist, die Krämerbrücke.

„Mutti, wo ist denn hier die Brücke?", hörte ich einen Jungen fragen, als er Hand in Hand mit den Eltern bereits mitten auf der Brücke spazierte. Wie diesem geht es immer wieder auch erfahrenen Betrachtern von Sehenswürdigkeiten. Kein Wunder. Eher als das Gefühl, auf einer einzigartigen Brücke zu laufen, stellt sich zumeist jenes ein, durch eine anfangs leicht auf- und am Ende wieder absteigende enge Gasse zu gehen, von denen es in der Erfurter Altstadt einige gibt. Will man die Brücke in ihrer ganzen Tragweite, Einzigartigkeit, Bedeutung und Schönheit sehen, so muss man sie vom Norden her betrachten. Von Gotthardtstraße, Dämmchen und Kreuzsand aus offenbart sich, was touristische Prospekte als „die einzige bebaute, dauerhaft bewohnte Brücke nördlich der Alpen“ rühmen.

Dort also, wo vom Wasser der Gera Mühlen betrieben wurden, unweit der Ufer Stapel- und Wiegeplätze waren, errichtete man zwischen dem

8. und 11. Jahrhundert bereits an zentraler Stelle eine Brücke zum Überqueren des Wassers und als Verbindung zwischen den sich entwickelnden städtischen Siedlungsteilen. Der entstandene Übergang war aus Holz und zunächst nicht bebaut. An beiden Enden standen gleichfalls aus Holz gebaute Kapellen. St. Ägidien die eine und St. Benedikt die andere. Da durch dieses „Nadelöhr“ und die nebenliegende Furt quasi alles durch musste, was für Austausch und Transport bestimmt war, schlugen auf dieser Brücke auch erste Krämer ihre Holzbuden auf. Gehandelt wurde zunächst im wahrsten Sinne des Wortes mit Kleinkram. Laut Zunftprivileg durften die Händler nur solche Waren verkaufen, die „mit der Elle auszumessen und mit dem kleinen Gewicht“ gewogen werden konnten. Das waren im 17. Jahrhundert beispielsweise Edelmetalle, Gewürze, Stoffe, Borten, Gürtel, Geschmeide, Arzneien, Färbemittel, Papier, Seide und viele andere, zum Teil von weit hergeholte Waren. Rasch zeigte sich diese „Ladenstraße am Wege“ als idealer Verkaufsplatz und entwickelte sich dementsprechend fort. Ein allmählicher Wandel von

der Brücke der Krämer zur Brücke von Handwerkern, vollzog sich mit dem beginnenden 18. Jahrhundert. Mehr und mehr siedelten sich hier Kürschner, Kannengießer, Posamentierer, Goldschmiede, Weißgerber und andere Gewerke an und boten das Produzierte zum Kauf an. Diese Tradition, das spürt man beim Gang über die Brücke auf Schritt und Tritt, wird in zeitgemäßer Weise fortgeführt. Der 1996 gegründeten „Stiftung Krämerbrücke" sei Dank!

Aufgang zur Bohlenstube im Haus der Stiftungen

Erstmals 1124 und später immer mal wieder, legten Brände die hölzernen Bauwerke in Schutt und Asche. Auch weil er vom schwunghaften Kramhandel auf der Brücke profitierte, entschloss sich der Rat der Stadt um die Wende vom 13. zum 14. Jahrhundert, eine neue Brücke in Stein zu bauen. 1325 war es vollbracht und auch die im Fachwerkbau errichteten über 60 Krambuden standen – ein Anlass, im Jahr 2025 das Jubiläum „700 Jahre steinerne Krämerbrücke" zu feiern. Gleichzeitig waren die der Sicherung der Brücke dienenden Kirchen als Steinbauten mit Tordurchfahrten fertigge-

Zugang zur Krämerbrücke vom Wenigemarkt aus

stellt. St. Ägidien bewahrt uns die Erinnerung daran bis in die Gegenwart. St. Benedikt aber wurde für den Abbruch freigegeben, von einem Kaufmann 1807 für 40 Taler erworben und zum Teil abgetragen. Den Turmstumpf ließ der neue Eigentümer stehen, nutzte ihn als Wohnung und krönte ihn mit einer Art klassizistischem Tempel nebst kleinem Gärtlein. 1896 aber verschwand auch dies. Auf den Platz des einstigen Gotteshauses stellte man ein gründerzeitliches, maßstabloses Geschäftshaus. Auch die im 16. Jahrhundert eingestürzte und bis 1609 wiederhergestellte Kirche St. Ägidien wurde 1827 verkauft und von einem Kaufmann zum Wohn- und Geschäftshaus umgewandelt. Seit 1960 jedoch wird das auch architektonisch interessante Bauwerk wieder als Kirche genutzt. (Davon, dass der Turm des im Zweiten Weltkrieg beschädigten Gotteshauses nach seinem Wiederaufbau ein vielbesuchter, lohnender Aussichtspunkt geworden ist, wird noch zu lesen sein.)
Die Krämerbrücke, wie sie sich dem Betrachter jetzt präsentiert, zählt nur noch 32 Häuser. Diese sind durch Zusammenlegen von einst über

60 Gebäuden entstanden. Insgesamt ist das Bauwerk 125 Meter lang, die Höhe misst samt Fundamenten etwa sieben Meter, mit der Bebauung maximal 22 Meter. Ein Landbogen, fünf Wasserbögen (Spannweite zwischen sechseinhalb und acht Meter) und eine Gewölbetonne aus Kalkbruchstein beziehungsweise Sandstein tragen, unterstützt von starken Verstrebungen aus Holz, die Häuser. Gotik, Renaissance, Barock und auch Gründerzeit haben ihre Spuren in Kellern, Gewölben, an Bögen, Fassaden und in Fenstern, an Dachformen und Hausschmuck hinterlassen. Über die Brücke, deren heutiges Pflaster übrigens von einem nicht mehr gebrauchten Autobahnbelag stammt, rollt längst kein Durchgangsverkehr mehr – hier ist der flanierende, staunende, genießende Fußgänger König.

Der Reiseschriftsteller Karl Emil Franzos besuchte im Sommer 1901 für mehrere Tage Erfurt, und spazierte dabei freilich auch über die Krämerbrücke. Was ihn beeindruckte, geradezu träumen und schwärmen ließ, sei hier auszugsweise zitiert: „Es ist kaum zu sagen, wie seltsam, wie so recht mittelalterlich dies Gäßlein anmutet; wer hindurchgeht wird versucht, mit offenen Augen zu träumen, obwohl von den Häusern

---

Zum alljährlichen Brückenfest wird die Gasse stets besonders gestaltet.

der größte Teil erst aus dem 17. Jahrhundert stammen dürfte... Aber die Phantasie wird rege und setzt an die Stelle der Männer von heute Ritter in stählernem Waffenrock, Bürger in buntem Tuchwams, Bauern in härenem Flaus; dazu Frauen im faltigen Gewand in allen Farben des Regenbogens und Jungfrauen in knappen, blauem Mieder über dem dunklen Tuchrock..." Naja. Immerhin aber machen sich dieses Flair Veranstalter zu Teilen zu Nutze, wenn sie alljährlich im Juni ein Wochenende lang mit dem „Krämerbrückenfest" die Innenstadt in den Ausnahmezustand versetzen. Da ist es nicht allein Till Eulenspiegel, der im bunten Tuchwams das Volk mit allerlei Schabernack und Wahrheiten unterhält.

Ganz zum Schluss dieser Einleitung noch dies: Die Wochenzeitung Die Zeit empfahl dereinst auf mehreren Seiten 40 alternative internationale Sehenswürdigkeiten, wenn man der auf dem Globus üblichen „Touristenschwemme" entgehen möchte. Eine davon – im eher bescheidenbeschaulichen Erfurt rieb man sich die Augen – war die Krämerbrücke. In der Begründung hieß es u. a.: „Wer wissen will, was eine bebaute Brücke ist, der muss nach Erfurt. Dort steht die Krämerbrücke, auf der sich Fachwerkhäuser lückenlos aneinanderreihen, rechts und links einer schmalen Straße. Über Kopfsteinpflaster kann man da zwischen kleinen Geschäften, Cafés und zeitloser Gemütlichkeit schlendern. Und wer vor der Brücke am Flüsschen Gera sitzt, wer sieht, wie da über dem Wasser die Häuser thronen, der merkt, wie famos so eine Brücke aussehen kann, auch ganz ohne Gondeln."

Brückenhäuser und die Ratsbrücke von Süden aus gesehen.

„Zurück zu den Wurzeln" kommentiert Konrad Trautmann diese beiden Bilder.

Auf dem historischen Foto sind Trautmanns Urgroßeltern an der Ladenetage des Hauses zu sehen, in welchem der Urenkel seit der deutschen Wiedervereinigung das Handeln unter dem Namen „Stilleben" fortführt.

Der Puppenbauer

Willkommen im Reich der Fantasie, willkommen bei Puppenbauer, Bühnenbildner und Mechanikus Martin Gobsch! Über zehn Jahre ist es her, dass er im Haus Nr. 2 in einem ehemaligen Fahrradabstellraum seine nur 21 Quadratmeter große Werkstatt einrichtete. In dieser kann ihm jedermann ebenso beim Arbeiten zuschauen wie im dazugehörigen „Theatrum Mundi“ im Schaufenster, dessen Vorhang sich für einen kleinen „Eintritt“ hebt. Theater hat den gebürtigen Erfurter schon immer interessiert. Zwar hat er als junger Mann auch mal Auftritte als Schauspieler gehabt, doch aufgeschlossener war er für das, was hinter den Kulissen geschehen musste, damit es auf der Bühne funktionierte. Und so zog es den gelernten Möbeltischler irgendwann ins Erfurter Puppentheater „Waidspeicher“. Dort lernte und vervollkommnete er, was inzwischen Auftraggeber deutschlandweit an ihm schätzen: Puppen zu bauen, Kostüme und Bühnenbilder zu entwerfen.

Als die Erfurter Puppenbühne seine Dienste nicht mehr brauchte, wagte er den Schritt in die Selbständigkeit. Auf Märkten und Mittelalterfesten ließ sich gut probieren, wie das geht, vor den Augen der Leute mit dem Schnitzen von Charakterköpfen aus Holz Geld zu verdienen und gleichzeitig mit den Kunden ins Gespräch zu kommen. „Ich habe gern Menschen um mich herum. Manche Puppenbauer brauchen die meditative Stille eines abgelegenen Landhauses für ihre Arbeit. Ich brauche die Reaktionen der Menschen auf meine Arbeit. Und ich spüre immer wieder die große Sehnsucht der Leute nach Dingen, die eine andere Geschwindigkeit haben“. Manch ältere Besucher seiner Werkstatt bestätigen dies wenn sie etwa voller Staunen baff darüber sind, „dass es

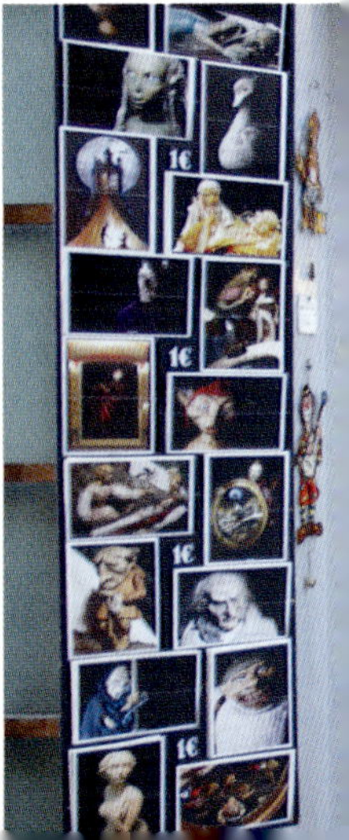

sowas *noch* gibt!“ Martin Gobsch, der sein ästhetisches Handwerk spür- und sichtbar liebt, reagiert dann gerne auch mal so darauf: „… dass es sowas *wieder* gibt.“ Denn als er mit seinem Anliegen, auf der Brücke Fuß zu fassen, auf die Stiftung Krämerbrücke zukam, stieß er quasi

Hineingeschaut in die Künstlerwerkstatt von Martin Gobsch

offene Türen ein. „Dass es diese Stiftung und das großartige Konzept hier gibt und dass ich hier meinen Platz gefunden habe, dafür bin ich sehr dankbar." Natürlich passt ein Kunsthandwerker wie Gobsch mit seinen erfundenen, zur schönsten Phantasie einladenden kleinen Welten, wunderbar in das unverwechselbare Bild der Krämerbrücke unserer Tage. Nach mehr als einem Jahrzehnt auf der Brücke resümiert dieser kurz und bündig: „Die Brücke ist mein Leben, mein Zuhause."

Hingucker bei Tag und Nacht – das Theatrum Mundi

Die Kisten-Spezialistin

Zum Mitnehmen gibt es auf einer Brücke der „Krämer" naturgemäß das meiste von dem Angebotenen. Die Einladung zum „Eierlikör to go" jedoch, wie im Thüringer Spezialitätenmarkt im Haus „Zum Schwarzen Roß" (Nr. 19) ausgesprochen, wird man weit und breit so schnell nicht noch einmal finden. Bettina Vick, die Geschäftsführerin des hier seit 2004 ansässigen Marktes, hatte die Idee dazu. Um diese realisieren zu können, musste sie allerdings ihrer „Geschäftsphilo-

Eine wahre Fundgrube voller Thüringer Spezialitäten

sophie" ein einziges Mal untreu werden. Denn für den zum Mitnehmen erforderlichen Schokowaffelbecher ließ sich in Thüringen absolut kein Hersteller ausfindig machen. Alle anderen der inzwischen rund 1.500 (!) im Geschäft zu habenden Produkte sind – dreimal sei's geschworen – original thüringischer Herkunft.

Angefangen hat das, was heute als Thüringer Spezialitätenmarkt floriert, mit einem Werbegag wenige Wochen vor Weihnachten 1996. Die deutsche Wiedervereinigung lag einige Jahre zurück, der Hunger & Durst auf teils heißersehnte Westpro-

Die Holzkiste ist das Markenzeichen des Spezialitätengeschäfts

dukte hatte sich einigermaßen normalisiert und ein thüringisches Markenbewusstsein begann sich über Bratwurst und Klöße hinaus peu à peu zu etablieren und zu stabilisieren. In jener Zeit erhielt Bettina Vick, damals noch angestellt in einer Erfurter Werbeagentur, den Auftrag darüber nachzudenken, wie sich qualitätsvolle Thüringer Produkte aus dem „Reiche Kulinaria“ gleichermaßen originell wie unübersehbar und optimal als Weihnachtsgeschenk platzieren lassen. Heraus kam jene im thüringischen Mühlhausen produzierte Holzkiste, die längst zum Markenzeichen des Thüringer Spezialitätenmarktes geworden ist. Auf Kundenwunsch wird diese ganz individuell gefüllt. So gehen beispielsweise verschiedene Senfe, Wurst aus dem Thüringer Wald, ein als „Aro“ gängiger Kräuterschnaps, Marmelade aus Eisenberg, kleine Bücher wie jenes, das sie gerade in den Händen halten, Wein aus dem Kurstädtchen Bad Sulza oder Bier aus Thüringens jüngster, in Erfurt ansässiger Brauerei, auch in Städte und Länder, in denen einstige Thüringer heute Zuhause sind oder in denen sich Touristen des von der Krämerbrücke mitgenommenen Geschmacks erinnern möchten.

Als Bettina Vick das Zwanzigjährige ihres Unternehmens feierte, war die Gästeschar stattlich und auch der lobpreisenden Dankesworte gab es für die mit viel Liebe und Engagement für Thüringen wirkende Frohnatur reichlich. Auf das Erreichte und aufs Kommende also gern ein „Prost!“ bei „Eierlikör to go“. Oder vielleicht lieber bei einem „Rhabarber-Secco“? Denn auch bei Trinkbarem aus Thüringen kann sich die Vielfalt sehen und schmecken lassen.

Die Krämerbrücke ist für mich...

... der Ort von Erfurt, an dem ich mich ausgesprochen wohlfühle und Glück empfinde. Dies besonders morgens auf dem Weg zu meinem Geschäft, wenn die Brücke noch nahezu menschenleer ist.

Bettina Vick, Inhaberin des Thüringer-Spezialitäten-Ladens im Haus „Zum Schwarzen Roß“

Die Brücken-Architekten und -Denkmalpfleger

Die Krämerbrücke, geadelt als profanes Wahrzeichen der Stadt und als internationaler Touristenmagnet? Selbstverständlich wie dies heute scheint, war das noch vor über einem halben Jahrhundert keinesfalls. Nach dem Zweiten Weltkrieg, der Erfurts Bausubstanz zwar traf, aber längst nicht so verheerend wie die anderer deutscher Städte, lagen jedoch auch Teile beispielsweise der Ägidienkirche und einige Häuser der Krämerbrücke in Schutt und Asche. Doch die Brücke hatte damals keine Lobby, wie man heute sagen würde. Der Wiederaufbau etwa der kriegszerstörten Brückenhäuser 12 bis 14 oder Nr. 19 begann erst Anfang/Mitte der 1950er-Jahre. Dafür verantwortlich als Architekt war eine Frau aus Erfurt: Dr. Käthe Menzel-Jordan. Deren Handschrift tragen in ihrer Heimatstadt mehrere Gebäude und Bauensembles. Das bei einem britischen Fliegerangriff schwer in Mitleidenschaft gezogene Augustinerkloster, das

Luftangriffe im Zweiten Weltkrieg beschädigten auch den Brückenzugang vom Wenigemarkt her stark.

traditionsreiche Gasthaus „Zur Hohen Lilie“ am Domplatz, die beiden Gotteshäuser Predigerkirche und Michaeliskirche, das Schloss Molsdorf bei Erfurt gehören ebenso dazu wie mehrere Häuser in der Michaelisstraße. Hier sah sich die damals schon 80-jährige speziell mit der Sanierung der Hausnummern 19/20 noch einmal ganz besonders herausgefordert: In dem bis ins 13. Jahrhundert zurückreichenden Komplex lebten einst ihre Großeltern.

Was die Krämerbrücke anlangt, so darf man die „Grande Dame“ unter Thüringens Architekten getrost als Vorläuferin dessen bezeichnen, was anfangs der

1990er-Jahre offiziell von der Stadt gesucht und in Dipl.-Ing., Dipl.-Des. Franz Bruns schließlich gefunden wurde: ein Brückenarchitekt. Schauen Sie, lieber Brückenbesucher, allein das Haus Nr. 19 („Thüringer Spezialitäten“) ein wenig näher und länger an. Dass Sie vor einem Neubau stehen, der

in den wirtschaftlich besonders schweren 1950er-Jahren entstand, ist schwer vorstellbar, aber wahr. Hier, wie in ihrem gesamten Lebenswerk, so sieht es Franz Bruns, habe Frau Menzel-Jordan „behutsam bis ins kleinste Detail gewirkt". Verbündet mit Denkmalpflegern ihrer Zeit wie Gerhard Kaiser, Heinrich Schleiff, Hans Schoder oder Rudolf Zießler (deren Büros übrigens seinerzeit im Haus Nr. 9 zu finden waren), setzte sie in Form, Farbe und Qualität erste Achtungszeichen und Maßstäbe.

Ein halbes Jahrhundert später ist es Franz Bruns, der daran anknüpft, und sich inzwischen auf, unter und in den Häusern der Brücke auskennt wie in seiner Westentasche. Eingeführt hat er sich in der Stadt u. a. damit, dass er die Arkade auf der Nordseite des Rathauses öffnete und so eine heute gleichermaßen selbstverständliche wie beliebte gastronomische Nutzung ermöglichte. In die Brücke vertiefte er sich, Fachleute wie der bereits erwähn-

Krämerbrückensanierung 1985/86

te Gerhard Kaiser unterstützten ihn dabei. „Von ihm habe ich beim Sanieren der Brückenbögen sehr viel gelernt.“ Das erste Haus auf der Brücke, dessen Sanierung er zu verantworten hatte, war die Nr. 32 – damals wie heute eine Weinhandlung. In dem sich direkt daran anschließenden Wohn- und Geschäftshaus Nr. 33, das in Form und Größe so gar nicht zum Brückenensemble passen will, war es wiederum das Öffnen bis dahin nicht vorhandener Fenster im Erdgeschoss, womit Bruns der Brücke einen für jedermann sicht- und erlebbaren Zugewinn verschaffte. Vielfach aber ist sein Tagwerk für die Brücke dem Außenstehenden gar nicht sichtbar. Sanieren und manchmal auch nur reparieren, was vom Zahn der Zeit immer wieder angenagt wird ist da ebenso angesagt wie der immer wichtiger werdende Brandschutz, wie die besondere

Wasserversorgung der Brücke oder die Wünsche und Anforderungen der Bewohner und Nutzer von Geschäften, mit den Erfordernissen des Denkmalschutzes in Übereinstimmung zu bringen.
Das Bild, das die Brücke heute abgibt und das damit einhergehende Ansehen, das sie der Stadt einbringt, erzählen davon, dass das Miteinander von Brückenbewohnern, Geschäftsleuten, der Brückenstiftung, der vermietenden kommunalen Wohnungsgesellschaft, Denkmalpflegern und dem Brückenarchitekt funktioniert und sich über die Jahre eingespielt hat. Es sei mit der Brücke halt wie mit einem Dorf, ist Franz Bruns überzeugt: „Man muss ein Teil davon werden, wenn man sich wohlfühlen will".

Die Krämerbrücke ist für mich...

... so wie ein Dorf. Man muss ein Teil davon werden, wenn man sich wohlfühlen will.

Franz Bruns,
seit den 1990er-Jahren der „Brücken-Architekt"

Der Fenster-Laden

Als die aus dem benachbarten Gotha stammende gelernte Buchhändlerin Beate Kister als ganz junge Frau zum ersten Mal über die Krämerbrücke spazierte, hat sie „sofort den Zauber gespürt, den dieses bauliche Kleinod auf Schritt und Tritt vermittelt". „Wenn du hier mal wohnen könntest", dachte sie begeistert. 1994 war es soweit. Sie zog in das über Jahrhunderte aus drei Einzelhäusern zusammengewachsene heutige Haus Krämerbrücke 25 ein. Was sich einigermaßen groß und komfortabel anhört, erweist sich dennoch als beinahe puppenstubenhaft klein. „Wenn man hier wohnen will, dann nimmt man Vieles in Kauf", reagiert sie auf skeptische Fragen und Blicke von Besuchern im Haus, das sie zusammen mit Freunden und Handwerkern ausgebaut und wohnlich hergerichtet hat. Denn einzig als Wohnung sollte ihr das aus den vormaligen Gebäuden „Zum Weißen Bracken" und „Zum Güldenen Hämmern & Christoph" hervorgegangene Haus dienen.

Ein gutes Jahrzehnt später fasst die „Buchhändlerin mit Leib und Seele“ einen Entschluss, der ihr Leben und das im Haus, gründlich verändern sollte: die Hobbymalerin wagt den Schritt in die Selbständigkeit als Illustratorin und Malerin. Dass vier Jahrhunderte früher mit Valentin Schilldingk schon mal ein Maler in diesen vier Wänden gelebt hat, ist natürlich ein Zufall. Doch sei es erlaubt zu vermuten, dass die bunte Welt der Farben der Seele dieses Hauses, ja der ganzen Brücke, richtig gut tut. Denn zu einer in diesem Sinne eher zufälligen Traditionspflege hat Beate Kister eine weitere Brückentradition ganz bewusst aufgenommen. Verkaufte sie ihre kleinformatigen Kunstwerke anfangs aus dem Flur heraus, tut sie das nun so, wie es Jahrhunderte lang auf der Brücke gang und gäbe war, nämlich aus dem Fenster heraus. Während der Öffnungszeiten des Fenster-Ladens steht das Fenster immer offen. Sitzt die Künstlerin mal nicht am nahe dem Fenster stehenden runden Maltisch, kann der Kunde sich mittels Handglöckchen bemerkbar machen. Diese Art Verkauf „wird sehr gut angenommen“, konnte sie über die Jahre erfahren.

Fenster auf gleich Laden auf: Beate Kisters „Kleinformat“

Schneller vielleicht als am üblichen Verkaufstresen, kommt sie so auch mit Leuten ins Plaudern, die sich für die mit Farbstiften und Aquarellfarben entstandenen kleinen Bildwelten der Beate Kister interessieren. Nicht selten bewegt sich das so zustande kommende freundliche Gespräch über die von Pflanzen, Tieren und gelegentlich auch Häusern erzählenden Bildgeschichten hinaus. Da kommt gern auch Neugier darüber auf, wie es sich denn in einer so kleinen Hütte lebe? „Ich könnte mir nicht vorstellen, innerhalb der Brücke umzuziehen, noch weniger, überhaupt die Brücke zu verlassen. Viele von uns hier sind irgendwie Idealisten, Träumer. Gemeinsam ist uns, das menschliche Miteinander zu pflegen. Das macht Geborgenheit aus, die ich nicht vermissen möchte."

Die Krämerbrücke ist für mich...

... ein magischer Ort. Ich bewege mich gern auch mal weg von hier, ein Leben ohne Brücke aber ist mir nicht vorstellbar.

Beate Kister, Atelier und Verkauf „Kleinformat"
im Haus Krämerbrücke 25

Die Brückenbäcker

Ist die Krämerbrücke, so wie es viele der darauf Lebenden und Arbeitenden empfinden, tatsächlich so etwas wie ein Dorf, dann ist die an Benediktplatz und Brücke grenzende Backstube der „Tante-Emma-Laden“ dieses Dorfes. Denn im 1754 erbauten Haus „Zum Schwarzen Adler“, hat sich mit Eröffnung der Backstube

Kein Geheimtipp mehr: Die Backstube

EL CASE
11

im Jahr 2012 ein beliebter Treffpunkt für Anrainer, Händler, Künstler, Journalisten und andere aufeinander neugierige Menschen etabliert. Hier werden in einer rustikalen Nische beim „Bäckerkaffee“ (doppelter Espresso mit Milchschaum) kleine süße und auch scharfe Köstlichkeiten aus handgeknetetem Bio-Teig genossen, Informationen ausgetauscht, Pläne geschmiedet, geschäftliche wie private Verabredungen getroffen. Und weil man von den wenigen Sitzplätzen aus, oder auch nur am Einkaufstresen stehend, Chef Hartmut Priemer und seinem internationalen Team bei der Arbeit auf die mehligen Finger schauen kann, senden die Kunden immer auch mal Komplimente über die teils mit Mehlsäcken bestückten, den Durchblick in die Backstube gewährenden Fachwerkbalken. „Dieser Background ist mir wichtig“, sagt der gelernte Bankkaufmann Priemer (Jahrgang 1967). Vom Banker zum Bäcker – verkehrte Welt?

Das Kaufmännische in Priemer machte sich eine große Bio-Bäckerei so lange zu Nutze, bis es dem gebürtigen Berliner persönlich nach einem Seitenwechsel verlangte, er sich einen mobilen Holz-

---

Traditionelle Handarbeit in der Backstube

backofen besorgte und – reisend von Markt zu Markt und von Fest zu Fest – eigene Backwaren fertigte und verkaufte. So unterwegs, verschlug es ihn im Jahr 2004 mit seinem Stand erstmals auch auf den Erfurter Weihnachtsmarkt. Fortan war (und ist) er am weihnachtlichen Standort Wenigemarkt regelmäßig dabei. Was bei einem Fröhlichkeit ausstrahlenden Menschen wie Priemer nicht ausbleibt: Er lernte Leute aus ganz Thüringen kennen, spürte, dass auch die Menschen hier sein authentisches handwerkeln mögen und dass ihnen schmeckt, was dabei zustande kommt.

Backwerk, an dem man einfach nicht vorbei kommt.

Schließlich lief ihm da auch noch eine Frau über den Weg, mit der er nun zusammenlebt.
Warum also nicht immer in Erfurt bleiben und an einem möglichst historischen Platz der Stadt eine überschaubare Backstube fest etablieren? „Der Gedanke war da und dann ging es – viel, viel schneller als gedacht – Schlag auf Schlag." Was inzwischen nicht nur zum festen Kern des Geschehens auf der Brücke gehört, funktionierte nicht auf Anhieb so. Doch mit der Zeit begriffen die Kunden das so einfache, wenngleich in der Alles immer vorhaltenden Marktwirtschaft ungewohnte Konzept: Um 6 Uhr morgens gehen die Lichter in der Backstube an. Hängt die Fahne an der Fassade, ist das erste Backwerk fertig. Wird die Fahne eingezogen, ist alles Frischgebackene verkauft und die Lichter gehen aus.
In dieser Backstube gibt es kein Telefon, wohl aber ein Bestellbuch. Auch ein unter der Tür durchgeschobener Zettel genügt, wird ernst genommen. Zehn Sorten Brötchen, mehrere Sorten Brot in kleinen Größen und – meistens nur samstags – Brotstangen mit Chilliöl und Meersalz, finden sich in den hölzernen Regalen hinter

dem Tresen. Eine treue Stammkundschaft, Brückentouristen, die sich vom Duft in die Stube hineingezogen fühlen, sprechen für die Qualität des Backwerks und derer die daran teilhaben ebenso, wie zahlreiche überregionale Lobpreisungen. Im Jahr 2017 beispielsweise kürte die Zeitschrift „Feinschmecker“ den Laden zu einer der besten Bäckereien Deutschlands.
Übers Jahr liegen der Stiftung Krämerbrücke rund ein Dutzend Anträge von Bewerbern für ein Geschäft auf der Brücke vor. Mit der kleinen Backstube haben die an der Auswahl beteiligten Damen und Herren ein besonders gutes Gespür dafür bewiesen, was zu diesem uralten Handelsplatz Krämerbrücke passt. Zur Drucklegung befand sich das Haus in Sanierung und wird danach die Bäckerei wieder beherbergen.

Die Krämerbrücke ist für mich...

... die Initialzündung für das gewesen, was ich heute hier mache.

Hartmut Priemer, Inhaber der Backstube an der Krämerbrücke

Die Chocolatiers und Eiskrämer

Als wir uns vor über einem Jahrzehnt erstmals auf der Krämerbrücke trafen, weil ich über ihn ein Porträt schreiben wollte, da antwortete mir der gelernte Schrift- und Grafikmaler, der Straßenmusikant und mehrjährige Weltenbummler Alexander Kühn auf die Frage, was denn sein Traum vom Glück sei, mit einem einzigen Wort: Schokolade. Diesen Traum hat er – beginnend damals mit dem kleinen Laden „Zum

Goldhelm Tafelschokoladen

Goldhelm“ auf der Krämerbrücke (in dem man auch übernachten kann) – konsequent und erfolgreich realisiert. „Beginnend“, weil allein in Erfurt über die Jahre einiges hinzugekommen ist: Werkstattladen & Café in der benachbarten Kreuzgasse und der neben dem Schokoladen-Laden auf der Brücke zu findende Eiskrämer-Laden. Kühns jüngstes unternehmerisches Projekt war es, einen Bauernhof im thüringischen Wülfershausen zur Schokoladen-Produktionsstätte inklusive Hofladen auszubauen. Es fehlt in diesem Büchlein an Platz, um die gehörig vielen Schritte und teils abenteuerlichen Umwege bis dahin zu beschreiben. Nur so viel: Mit der ihm bis heute eigenen Kreativität und Disziplin hat er geschafft, was hinreichend Stoff für Erfolgsstorys liefert.

Wie wird so ein Allrounder zu einem Spezialisten für handgemachte Schokolade und Eis, welches ihm die Leute förmlich aus den Händen reißen? Von den vielen Erlebnissen bei seinen Reisen durch die Welt profitiert er heute noch. Geht's konkreter, oder hütet er das süße Geheimnis? „Man nehme den besten Rohstoff“

hebt er an und zählt klangvolle Namen von Kakaobohnen auf. Aber Kühn geht es lange nicht nur um den besten Rohstoff allein, sondern immer schon darum, ob die Kakaobohnen nachhaltig angebaut, ehrlich bezahlt, fair gehandelt werden. Für Aufmerksamkeit sorgte in diesem Zusammenhang eine gemeinsam mit dem Thüringer Extremsportler Guido Kunze veranstaltete Aktion. Unterwegs mit dem Fahrrad und dem Segelboot auf zwei Kontinenten, wurden 38 Kilogramm Kakao von Plantagen in Ecuador und Kolumbien nach Deutschland geholt. Das

Vom Seiteneinsteiger zum Spezialisten für handgemachte Schokolade und ebensolches Eis: Alex Kühn

Resultat waren eine limitierte, edle Abenteuer-Schokolade und neue Geschäftsbeziehungen zu Kleinbauern im Dschungel.
Einmal in Deutschland, geschieht mit den Bohnen etwas, was die Fachsprache Conchieren nennt. Das meint jenen Prozess, bei dem die ähnlich manchem Kuchenteig durchgewalkte Masse von der Kakaobohne zu feiner Schokolade wird. Temperiert, je nach Sorte auf 29–34 °C, wird diese dunkle Masse, dann per Hand ausgezogen und in die typische „Goldhelm"-Tafelschokoladen-Form gebracht. Direkt ohne Form, jede ein Unikat. Übrigens im Laden jederzeit unter den Augen des Publikums, zwischen Pfannen, Tiegeln und Marmorplatte, in traditioneller Handarbeit zu bestaunen. Dass dabei auch „immer mehr Thüringen in die Schokolade gelangt, wie beispielsweise ein im Eichsfeld gereifter Whisky oder Mirabellen von hiesigen Bäumen", ist ihm wichtig. Doch Vorsicht. Auch wenn es auf dem süßen Markt scheinbar endlos trendig ist, „alle möglichen Gewürze zusammenzuwürfeln", experimentiert er nicht auf Teufel komm raus. Schließlich müsse selbst das absolut ver-

rückt kreierte Produkt vor allem eines: schmecken. Einfachheit ist seiner Meinung nach aller Anfang wirklicher Kochkunst. Schokolade als Traum vom Glück, gilt das noch immer? Immerhin hat er die Realisierung dieses Traums seinerzeit ganz alleine in Gang gesetzt. Inzwischen aber ist er Chef eines stattlichen Unternehmens mit vor allem jungen Mitstreitern. Kühn antwortet unmissverständlich: „Für mich bedeutet Schokolode nicht Arbeit, sie ist mein Leben.“

Die Krämerbrücke ist für mich...

... wie ein Dorf. Mitten in der Stadt reichen zwei Tore und du fühlst dich wie auf einer Burg, die sich ein Stück dem Zeitgeist widersetzt.

Alex Kühn, Goldhelm-Chocolatier

Die Brücke der Bachs

In einem Fenster im 1. Obergeschoss des Hauses Krämerbrücke Nr. 3 leuchtete vor Jahren erstmals eine Büste von J. S. Bach aus Porzellan auf – ein Hingucker. Nur ein kreativer Spaß, wie ihn sich die auf der Brücke Wohnenden und Arbeitenden immer wieder einmal zur eigenen Freude und der des Publikums gestatten? Mitnichten. Die Krämerbrücke und die weltweit bekannte musikalische Großfamilie Bach haben tatsächlich etwas gemeinsam.

Lange bevor der berühmte Johann Sebastian Bach (1685–1750) zur Welt kam, waren schon Männer namens Bach als Stadtmusikanten und Organisten in Erfurt tätig. Ihr Anspruch auf eine solche Tätigkeit wurde streng geprüft. Im Laufe der Zeit war man von dem Können der Männer so überzeugt, dass das städtische Orchester kurz „die Bache“ genannt wurde. Gewohnt haben die meisten von ihnen in den Gassen um das Rathaus – damals so etwas wie das Musikviertel der Stadt. Allein am Junkersand, in Nachbarschaft der Krämerbrücke und direkt am Wasser liegend, wohnten über Generationen zahlreiche Mitglieder der Familie – in ihrer Erfurter Zeit auch die Eltern von J. S. Bach.

Aufenthalte von J. S. Bach in Erfurt lassen sich zwei nachweisen. Einer, als er 1716 die Orgel in der Kirche des Augustinerklosters abnahm, und ein zweiter 1728, als er den Erfurter Gelehrten und Organisten an der Predigerkirche, Jakob Adlung konsultierte. Anzunehmen ist, dass Bach, der so viel zu Fuß in Mitteldeutschland

---

Der „leuchtende" Bach in Haus Nr. 3

Aufklärung an einer Hausfassade nahe der Krämerbrücke

unterwegs war, immer wieder auch in Erfurt lebende Verwandte aufgesucht hat, zumal Erfurt einer der Orte für die regelmäßig stattgefundenen Bach'schen Familientage gewesen ist. So dürfte er gewiss auch öfter über die Krämerbrücke gelaufen sein, die zu jener Zeit mittels Zusammenlegens von Grundstücken und Häusern ihre heutige Gestalt annahm. Am Haus „Zum Schwarzen Roß" (Nr. 19) wird er vielleicht innegehalten und sich erinnert haben, dass just in diesem sein aus Wechmar stammender Großonkel Johann Bach (1604–1673) um eine Stelle bei den Stadtmusikanten vorsprach. Denn hier war der Direktor dieser Compagnie, Christoph Volbrecht, Zuhause. Das Gespräch lief gut, desgleichen anderntags die dreistündige musikalische Prüfung (es galt, Pro-

ben auf zehn Instrumenten darzubieten). Als Stadtmusikus und ab 1636 auch als Nachfolger für den verstorbenen Organisten der bedeutenden Predigerkirche, hatte der 31-Jährige ein für die damalige Zeit gutes Einkommen.
Doch zurück zum „leuchtenden" Bach am entgegengesetzten Ende der Brücke. Hinter den Fenstern dieses Hauses hatte über Jahre der Musikwissenschaftler und Produzent Christoph Drescher (Jahrgang 1977) einen Büroarbeitsplatz. Das Erfurter Urgestein Drescher und der große Bach gehören quasi von Kindesbeinen an zusammen. Die klassische musische Ausbildung im Elternhaus, das als Glück empfundene Cello-Spielen beim Musizieren mit anderen und die stets immer wieder gern gehörte Musik Bachs führten – mit geringen Umwegen – geradezu zwangsläufig zu dem, was er gemeinsam mit dem Erfurter Domorganisten Silvius von Kessel und einem kleinen Team verantwortete: Die Thüringer Bachwochen, das größte Musikfestival Thüringens. Organisierte man das zunächst von Weimar aus, siedelte die Truppe 2014 auf die Erfurter Krämerbücke um. „Das war für uns

eine Visitenkarte im doppelten Sinne: In Erfurt haben viele der Bachfamilie gehockt, hier gibt's authentische (wenn auch nicht immer eindeutig verifizierte) Erinnerungsorte und eben den Touristenmagneten Krämerbrücke." Auch für Drescher ganz persönlich hat die Brücke Bedeutung. Im Haus Nr. 19 hatte sich, bevor es seine jetzige Bestimmung durch „Thüringer Spezialitäten" gefunden hat, eine Musikalienhandlung eingemietet. Just in dieser nämlich verkaufte der Schüler Christoph Drescher in den Sommerferien Noten und anderes, um sich sein Taschengeld aufzubessern…

Seltener Anblick: Fast menschenleeres Areal hinter der Krämerbrücke.

Der (heimliche) Brücken-Bürgermeister

Ein gleichermaßen schlichtes wie eindringliches „Egon fehlt“, sagt Holzbildhauerin Gabriele Leuschner, die hier seit Jahrzehnten wohnt, arbeitet und ebenso lange auch Egon Zimpel kennt. Was sie in zwei Worte fasst, habe ich bei meinen Recherchen zu diesem Buch so, oder ähnlich, immer wieder gehört, oder auch sehen können auf Fotos, die da und dort in Läden hängen und den jeweiligen Inhaber mit Egon zeigen. „Gallionsfigur“, „väterlicher Freund“ oder „heimlicher Brücken-Bürgermeister“ sind nur drei von mehreren auf Egon Zimpel gemünzte Zuschreibungen, die ich erfuhr.
Der aus Sachsen-Anhalt stammende Maler & Grafiker kam in den 1970er-Jahren nach Erfurt und richtete sich im ersten Stock des Hauses „Zum Goldenen Löwen“ (Haus Nr. 4) Atelier und Wohnung ein. „Vorausgesetzt, du liebst den von Holz, Fluss und feuchtem Putz verströmten Geruch, der in den alten Häusern hängt, und vorausgesetzt

auch, du magst die Geschichte und Geschichten dieser Häuser und ihrer Bewohner, dann kann man sich keinen besseren Wohnort denken“, ist er überzeugt.

Als er hier einzog, war die Brücke nicht in diesem wunderbaren Zustand wie heute, und auch nicht in jedem Haus gab’s ein Geschäft oder Atelier. Zwar gab es Bemühungen, dieses einzigartige Baudenkmal nicht nur zu erhalten sondern Schritt für Schritt vorzeigbarer zu machen,

Schriftsteller Hans-Jörg Dost (links) und Brückenurgestein Egon Zimpel

doch die Möglichkeiten dazu blieben bis zum Ende der DDR bekanntermaßen begrenzt. „Als mit der Wiedervereinigung Investoren aus dem Westen auf die Brücke drängten“, so erinnerte sich Zimpel, „drohte dem Denkmal eine andere Gefahr“. Eine von ihm gegründete Bürgerinitiative verschaffte sich im Rathaus und anderswo letztlich so viel Gehör, dass die Gefahr der Kommerzialisierung der Brücke abgewendet werden konnte. Die in diesem Sinne 1996 gegründete „Stiftung Krämerbrücke“ sorgt seither für den baulichen Erhalt der Brücke und zugleich für eine dem historischen Ort angemessene vielfältige Nutzung.

So wie jeder Brückenbewohner und -händler Egon mit Handschlag begrüßte und sich gern mit ihm auf einen Schwatz einließ, so bekannt war jedem auf der Brücke auch der bis 2010 einzige vierbeinige Mitbewohner, der zum Atelier von Gabi Leuschner gehörige „Brückenkater Franz“. Der einige Zeit in Erfurt lebende Pfarrer und Schriftsteller Hans-Jörg Dost hat „Franz“, dessen Revier die ganze Brücke war, in einem von Freund Egon Zimpel illustrierten

Buch, ein bleibendes Denkmal gesetzt („Ein Sommer mit dem Brückenkater Franz“).

Im September des Jahres 2017 wurde Egon Zimpel für sein jahrzehntelanges Brücken-Engagement vom Erfurter Oberbürgermeister mit einer Auszeichnung gewürdigt: Dem „Ehrenbrief“ nebst zugehöriger Medaille. Egon Zimpel hatte seine Wohnung auf der Brücke gegen eine in einem nahegelegenen Heim eintauschen müssen. Das Schöne: So wie Egon Zimpel immer für seine Krämerbrückengemeinschaft da gewesen ist, kümmerte sich diese um ihn bis zu seinem Tod (2022).

Geschnitzte Gebäude der Krämerbrücke von Gabriele Leuschner

Souveniers, Souveniers...

Ein originelles, unverwechselbares Souvenir von der Krämerbrücke gefällig? Bei der Fülle des Angebotenen kein Problem. Oder doch? Hier ein paar Empfehlungen.

Krämerbrückenturm von Gabriele Leuschner

Die Holzbildhauerin Gabriele Leuschner (Haus Nr. 22) wohnt und arbeitet seit vier Jahrzehnten auf der Brücke – Grabmale aus Holz sind ein wichtiger Zweig ihres Schaffens. Mit künstlerisch gestalteten „Brücken-Häusern" in verschiedenen Größen hat sie von Anfang an auch ein sehr hochwertiges, spezielles Brückensouvenir im Angebot. Neben dieser entstehen in ihrer Werkstatt z. B. auch Kirchen und Brückenbögen aus Holz. Unverkäuflich blieb freilich ihr Kater „Franz", der zur Brücke gehörte wie der Fluss unter ihr. Ton in Ton im mehrfachen Sinne geht es im Keramikatelier von Isabel Franke (Haus Nr. 11)

zu. Aus der vor den Augen der Kunden entstehenden, farbenprallen Formenwelt aus Ton ragen phantasiereich aufgebaute Unikate wie etwa die „Andrea Doria“ heraus. Die der Brücke nachempfundene Arbeit „Die Welt ist ein Dorf“ (links) findet prominente Käufer. Gelegentlich sitzt formend und malend am Arbeitstisch der Werkstatt auch der Liedermacher Gerd Krambehr. Haben Kunden oder Brückenbesucher Glück, können sie den Mann singend und Gitarre spielend live erleben. Schaut man von der Rathausbrücke auf die Brückenhäuser, so kann man kaum Till Eulenspiegel übersehen, der auf dem oberen Balkon des Hauses Nr. 20 lümmelt. Wo er sich zeigt, da ist die Künstlerin Hannelore Reichenbach zu Hause. Zusammen mit Kurt Buchspieß hat sie sich über den Märchenwald auf dem Erfurter Weihnachtsmarkt unvergesslich gemacht. Seit Jahrzehnten schon begeistern Jung und Alt die in Szene gesetzten Puppen aus Märchen wie beispielsweise „Rumpelstilzchen“ „Prinzessin auf der Erbse“ oder „Der Wolf und die sieben Geißlein“. Im Wohnhaus selbst betrieb die Künstlerin bis zum Jahr 2000 privat das Brückenmuseum und noch einige Jahre länger die bis heute geöffnete „Fundgrube“. Unter dem Label Nonwovens entwirft und fertigt Sylvia Döhler hochwertige und außergewöhnliche Textilien, die u. a. zu Lampenschirmen und Leuchten weiterverarbeitet werden. Das Außergewöhnliche an der Kollektion der mehrfach ausgezeichneten Künstlerin ist, dass in diese Textilien Naturmaterialien wie Gräser, Silbertaler und verschiedene Blätter als Musterelemente eingearbeitet sind. Zu besichtigen sind derlei Arbeiten im Schaufenster Krämerbrücke Nr. 18; zu erwerben im Atelier am anderen Ende der Brücke (Haus Nr. 2).

Eulenspiegel auf dem Balkon eines Brückenhauses

Die Krämerbrücke hat ihren ganz eigenen Duft. Schon ein Vorübergehen am Haus Nr. 23, dem Gewürzladen „Kardamom“ genügt, um ein wenig jene duftende Atmosphäre zu erleben, wie sie zu Zeiten der Brückenkrämer im Mittelalter üblich gewesen sein dürfte. Geht man dann noch hinein, in dieses betörend-würzige Stübchen, scheint man für kurze Zeit wie aus der realen Welt gefallen. Mit hier erworbenen Gewürztütchen wieder daheim, lässt es sich beim Backen, Kochen oder Brauen bestens an den Besuch auf der Krämerbrücke erinnern.

Die große Welt der Gewürze in einem kleinen Laden

Die Tintenherzen

Wenn es eines Beleges bedarf, dass für die erfolgreiche Eröffnung eines neuen Handelsgeschäftes in einer Stadt die Lage des Ladens von entscheidender Bedeutung ist, dann liefert ihn die von Bernhard Schmidtmann und seinem kleinen Team betriebene Buchhandlung „Tintenherz" im Haus Krämerbrücke 29. Eine aus der Truppe, die gelernte Grafikerin Cornelia Krummrich, hatte nach der Lektüre des mehrfach ausgezeichneten Fantasybuches „Tintenherz" von Cornelia Funke die Idee, eine eigene Buchhandlung nur für Kinder zu gründen. In einer der vom Domplatz abgehenden Erfurter Altstadtgassen fand sie ein Domizil, das dafür geeignet schien. Doch ein zufriedenstellender Erfolg blieb aus. „Um nicht zu verhungern", wie sie sich zugespitzt erinnert, musste sie offenbar einen Platz in besserer Lage finden. Wie bei so einigen anderen heute fest etablierten Brückenleuten auch, war es wieder einmal Egon Zimpel, der Strippen zog und die selbsternannten „Tintenherzen" beim Wunsch, auf der Brücke anzukommen, „toll unterstützte".

An einem Mittsommertag des Jahres 2004 erfolgte der Umzug vom einstigen ins heutige Ladenlokal – mit zwei Fahrradanhängern. Von nun an „ging die Post ab", verkaufen sich – bei kontinuierlich weiter steigenden Umsätzen – Kinderbücher, Spiele und manch liebenswerter Unsinn auch, „wie geschnittenes Brot". Auszeichnungen wie „Beste Kinderbuchhandlung Thüringens" oder der „Deutsche Buchhandelspreis" folgten und machen freilich sichtbar, dass hier weit mehr funktioniert als nur die zweifelsfrei besondere Lage. Einmal drinnen in diesem kribbelbunten Paradies für Kinder und deren Eltern oder auch Großeltern, spürt man rasch, was den von einem kleinen Team individuell und liebevoll gepflegten „Mehrwert" des Hauses ausmacht. Frau Krummrich bringt es mit einem einzigen Satz auf den Punkt: „Wir sind ein Buchladen, in dem Harry Potter seinen Zauberstab hätte kaufen können."

Ein Hingucker schon von außen:
Die Kinderbuchhandlung „Tintenherz"

In der Kinderbuchhandlung „Tintenherz“ gibt es in jeder Ecke etwas Neues zu entdecken.

Die Krämerbrücke ist für mich...

... das Dorf in der Stadt – mit Allem, was dazugehört.

Cornelia Krummrich, Buchhandlung „Tintenherz“
im Haus Krämerbrücke 29

Die Blaumacherin

Obwohl die Frau ihr Geld mit etwas Urthüringischem verdient, ist sie „nicht mit der Thüringer Wurst groß geworden", wie sie ohne Schalk in den Augen jedem antwortet, der sie und sich fragt, wie das wohl zusammenhänge: Eine Italienerin auf der Krämerbrücke, die ganz im „Erfurter Blau" aufgeht? Rosanna Minelli, die aus

der ligurischen Hafenstadt Genua stammende Restauratorin für Wandmalerei und Leinwandgemälde hat, bevor sie 1993 nach Thüringen kam, arbeitend u. a. in Rom und Lausanne, Bern und Basel, Genf und München, Frankfurt und Görlitz kräftig Spuren hinterlassen. Gotha, Eisenach und Weimar waren für sie Arbeitsorte, ehe sie in Erfurt sesshaft wurde.

Auswahl waidgefärbter Stoffe

In Thüringen kam Frau Minelli erstmals mit dem in Berührung, wofür man sie inzwischen als Spezialistin kennt, dem aus der unscheinbaren, gelbblühenden Pflanze „Isatis tinctoria" gewonnenen Färberwaid. Der auch als „Deutscher Indigo" bezeichnete Thüringer Färberwaid faszinierte die umtriebige kreative Frau vom ersten Moment an. „Das Mittelalter war vermutlich ein blaues Zeitalter", ist sie überzeugt. In ihrem Laden für Künstler- und Restauratorenbedarf kreist alles um dieses eine Blau, welches Erfurt als Zentrum des Waidhandels seit dem 9. Jahrhundert reich und mächtig gemacht hat. Erst als das billigere Indigo zur unschlagbaren Konkurrenz aufstieg, war es um das „Erfurter Blau“ geschehen. Dank traditionsbewusster Gärtner und interessierter Historiker allerdings nicht ganz und für immer. Dennoch: Zu mehr als einem Mauerblümchendasein brachten es die engagierten Damen und Herren mit ihren Wiederbelebungsversuchen nicht.

Mehrere innerstädtische Stationen, gute wie ungute Erfahrungen und eine Begegnung mit Egon Zimpel brauchte es, bis Frau Minelli ihren etwas anderen Farbenladen auf der Krämerbrücke eröffnen konnte. In diesem Farbenladen kreist alles um diese eine Farbe, um das historisch bekannte Erfurter Blau. Elf Varianten gibt es davon, das dunkle Indigo-Blau nicht. Gemeinsam mit einem kleinen Team fertigt und

So sieht die Waidpflanze aus.

färbt sie Schals aus Seide oder Wolle und Wohnraumtextilien aus Baumwolle mit echtem Waidblau. Den kostbaren Rohstoff dafür gewinnt sie auf einem Feld am nördlichen Stadtrand von Erfurt, wo sie den Waid selbst anbaut und erntet. Seit einiger Zeit hat sie an ihrem Laden einen gläsernen „Samenspender“ angebracht. Zwei Euro hineingeworfen und einmal einen Schalter drehen, schon kann man Waidsamen mit nach Hause nehmen und selbst probieren, ob einem das „blaue Wunder“ gelingt.

Wer mehr zum Thema Erfurter Waid erfahren, oder sich darin gar selbst ausprobieren möchte: In Kursen und bei Stadtführungen für große und kleine Leute gibt Frau Minelli gerne weiter, was es mit dem „Erfurter Blau“ auf sich hat.

DIE SCHMÜCKENDE

Die Zunft der Erfurter Goldschmiede war seit dem Mittelalter in unmittelbarer Nachbarschaft der Krämerbrücke angesiedelt – etwa in jenem Areal, das heute als Fischmarkt und Benediktplatz zu verorten ist. In einer dieser Werkstätten könnte in der 1. Hälfte des 14. Jahrhunderts auch jenes Prachtexemplar von jüdischem Hochzeitsring gefertigt worden sein, das bei Grabungsarbeiten hinter der Brücke im Septem-

Traditionelle Handarbeit in der Galerie „Schmuck & Objekte"

ber 1998 gefunden wurde. Das einschränkende „könnte" muss sein, da der im Museum Alte Synagoge zu besichtigende spektakuläre Ring aus Gold keine Markierung trägt – obwohl dies zu jener Zeit schon zu den Vorschriften der Zünfte allgemein zählte.

Ute Wolff-Brinckmann, die im Haus Krämerbrücke Nr. 5 seit Herbst 1999 ihre Galerie

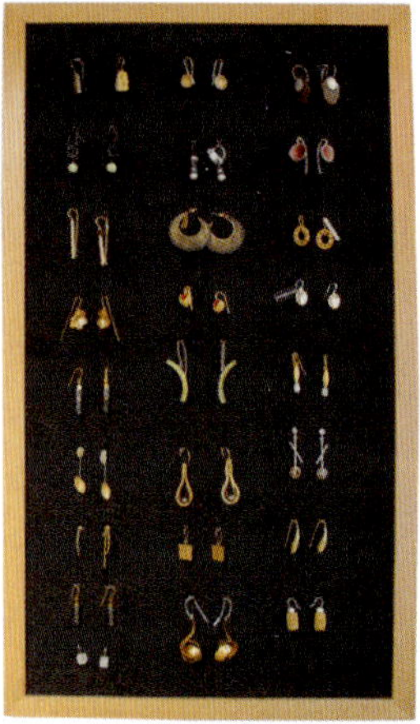

„Schmuck & Objekt" betreibt, hat das Goldschmiedehandwerk gelernt und später Schmuckgestaltung studiert – selbstredend beherrscht sie also klassische Techniken, wie sie zur Herstellung des jüdischen Hochzeitsringes erforderlich waren. Und natürlich fertigt sie auch Hochzeitsringe. Prägend aber ist bei allem diese künstlerische Intention: „Meine Arbeit wird bestimmt durch das Spiel von Material, Raum und Licht. Ich experimentiere abseits der klassischen Goldschmiedetechniken gern mit ungewöhnlichen Materialien und begebe mich auf Entdeckungsreise in die Welt der Formen und Strukturen. Meine Inspiration ist dabei die Natur. Mein Schmuck soll Statement und Identifikation sein und gern am Körper getragen werden." Beim Gang durch die Galerie entdeckt man aber nicht nur Schmuck aus der Hand der Betreiberin sondern auch solchen, den ihr Künstlerkollegen zum Verkauf an diesem attraktiven Handelsort überlassen. Dass darunter auch Krämerbrückenringe und -broschen sind, wird niemanden überraschen.

Die Krämerbrücke ist für mich...

... ein faszinierender Ort für die Begegnung von Kunst und Handel.

Ute Wolff-Brinckmann, Inhaberin der Goldschmiede im Haus Krämerbrücke 5

Die Weinhändlerin

Der Dichter J. W. von Goethe, so darf man spekulieren, hätte sich in, wie auch auf den Stühlchen vor dieser Weinhandlung im Haus Krämerbrücke 32, gewiss wohlgefühlt. Bekannt als Liebhaber französischer Weine und Kenner der Sprache des Herkunftslandes, hätte er auch gar nicht fragen müssen, was denn der Name „l'escargot" („Weinbergschnecke") an der Schaufensterscheibe bedeute. Sicher jedoch wissen wir, dass der Genussmensch aus Weimar seinen Wein von einem Händler am Domplatz bezog und die Weinhandlung auf der Brücke ja sowieso erst seit einem Vierteljahrhundert existiert.

Für Corinna Krummrich, eine gebürtige Erfurterin mit abgeschlossener Kellner-Ausbildung, war es Zufall, dass sie in das bereits bestehende Geschäft „reinrutschte". Als die vormalige Besitzerin Tatjana ihr 2003 anbot, den Laden ganz zu übernehmen, hat sie Ja gesagt und dies, wie sie heute resümiert, keinesfalls bereut. Das Interieur der Weinhandlung (historische Sessel aus einem Kino in Kassel beispielsweise gehören dazu wie stets Blumen auf den Tischen), hat etwas, wie man so sagt und kommt dem, was hier abläuft, entgegen: In ruhiger Atmosphäre schauen, probieren und schließlich – kenntnisreich beraten, so gewünscht – auch kaufen. Das wissen jene zu schätzen, die oft hierher kommen. Vor allem aber sind es Touristen, denen der Geschmackssinn „nach einem guten Franzosen, Italiener oder auch Wein aus der Saale-Unstrut-Region“ steht. An so exponierter Stelle wie der Krämerbrücke halten mehr oder weniger lang freilich auch prominente Weinliebhaber inne. Der legendäre Fernsehmann

---

Gemütlichkeit im historischen Flair: Die Weinhandlung

und Buchautor Uli Wickert sei ebenso erwähnt wie der britisch-deutsche Schauspieler Francis Fulton-Smith, der sich hier während Dreharbeiten in Erfurt mit Wein eindeckte, um der Crew einen auf seinen Geburtstag auszugeben.

Beliebter Zwischenstopp beim Brückenbummel: Die Weinhandlung

Die Krämerbrücke ist für mich...

... ganz allgemein in vielen Facetten einzigartig. Als Händlerin ergänze ich: Hier herrscht nicht der ganz kalte Kapitalismus.

Corinna Krummrich, Inhaberin der Weinhandlung im Haus Krämerbrücke 32

Die Teddy-Ladenwerkstatt

Mit ihrer Bärengalerie „Tilibom" gehört Andrea Heese-Wagner nicht zu den Angestammten auf der Krämerbrücke. Doch schon sehr bald nach der Eröffnung der nur 22 Quadratmeter kleinen Ladenwerkstatt war klar, dass sich die in Erfurt geborene Künstlerin mit ihren vor Augen des Publikums gefertigten Fellnasen bestens einreiht in das einzigartige Profil dieses Ladensträßchens.

Teddyreigen auf der Krämerbrücke

Wiewohl sie schon als Kind mit Hilfe ihrer Eltern nähte und „jede damals selbstgefertigte Kreatur über alles liebte“, sollten 25 Berufsjahre als Grafikerin ins Land gehen, bis sie zu dem vom Bildschirm losgelösten Handwerk zurückfand. Dabei war es ihr wichtig, in einem rein manuellen Prozess „liebenswerte und beseelte Geschöpfe“ zu erschaffen. Dass es ausschließlich Teddybären sind, die sie in vielen Stunden Handarbeit fertigt und in die Welt von Käufern aus aller Welt entlässt, wurzelt in ihrer Überzeugung, wonach kein Spielzeug das Ideal einer behüteten und unbeschwerten Kinderzeit inniger versinnbildliche, als ein Teddybär.
Jeder der von ihr aus bis zu 23 Fellteilen, aus Holzwolle, Pappscheibengelenken und einer Menge Zubehör gefertigten Bären ist ein Unikat und „irgendwie auch eine kleine Persönlichkeit. Sitzt das Kerlchen nach vielen Stunden Arbeit schließlich vor mir und schaut mich aus den in Thüringen gefertigten Glasaugen keck oder verträumt an, erhält es einen handgeschriebenen Bärenpass mit seinem Namen und dem Geburtstag.“

Mit ihrer Kunst ist Frau Heese-Wagner auf unserem Globus bei weitem nicht die Einzige. Dass sie aber zu den Besten dieser Gattung gehört, ist an Nominierungen für und Auszeichnungen mit dem „Golden Georg“ ablesbar, welche ihr die weltweit größte internationale Messe „Teddybär Total“ schon zuerkannte.

Der schönste Platz ist auf der Krämerbrücke, auch für Teddys.

Die Krämerbrücke ist für mich...

... eine andere Welt des Ortes schlummert in den alten Sandsteinbögen, in den krummen Winkeln der kleinen Läden und Galerien und dem gemächlich dahinziehenden Wasser.

Andrea Hesse-Wagner von der kleinen Bärengalerie Tilibom

150 Stufen über der Brücke

Zum Schluss des Buches sei kurz noch direkt auf die Brückenhäuser von oben geblickt und hineingeschaut in die von den großen Kriegen weithin verschont gebliebene Erfurter Altstadt und deren Umgebung. „Auch mit 70 Jahren schafft man die 150 Stufen", schrieb ein Besucher ermunternd ins

Blick von oben auf die Krämerbrücke; Der Flachbau rechts ist der Eingang zur ausgegrabenen Mikwe.

Gästebuch der Ägidienkirche, welche die Krämerbrücke im Osten begrenzt. Und er fügte hinzu, dass der einzigartige Blick von der Aussichtsplattform des Kirchturmes die Anstrengung unbedingt lohne. Hat man die unmittelbar an den Glocken vorbeiführenden Stufen geschafft, bietet sich dem Auge tatsächlich ein Fest. Von dieser Höhe aus lässt es sich verstehen, warum mancher Brückenbesucher meint, er gehe durch eine Gasse statt über eine bebaute Brücke. Von hier aus kann man manchen Erfurter quasi ins Wohnzimmer schauen.

Seit 2023 zum UNESCO-Weltkulturerbe gehörig:
Die Alte Synagoge

Überraschend aber ist auch, welch reizvolle Umgebung das in einem Talkessel sich ausbreitende Erfurt säumt: Der Ettersberg bei Weimar mit dem Turm der Gedenkstätte Buchenwald, die nördlich sich zeigenden Höhenzüge Hainleite und Fahner Höhen, das Bauensemble Mariendom und St. Severi oder der Petersberg mit einstiger Festung sowie der egapark und der Stadtwald „Steiger" rahmen die kirchenreiche Stadt. Förmlich zu Füßen zeigen sich pulsierende Plätze wie der Fischmarkt mit Rathaus und prachtvollen Häusern der Renaissance. Auch der Wenigemarkt oder das beschauliche „Venedig" rücken von oben ins Blickfeld. Zum Greifen nahe scheinen die „Alte Synagoge", in der ein jüdischer Goldschatz aus dem 14. Jahrhundert museal präsentiert wird ebenso wie das bei Bauarbeiten hinter der Brücke entdeckte jüdische Ritualbad „Mikwe". Mit diesen und weiteren Erinnerungsorten an das faszinierende mittelalterlich-jüdische Erbe schaffte es Erfurt übrigens auf die UNESCO-Welterbeliste.

Dies und mehr zu Erfurts profanem Wahrzeichen einmal „gespeichert", kann man nachvollziehen, warum der Erfurter Sänger Clueso auf die Frage, was ihm die Krämerbrücke bedeute, antwortet: „Sie ist für mich der Ort, an dem ich Gästen am besten erklären kann, was Erfurt ist und wie es tickt."

Die Ägidienkirche mit lohneswerter Aussichtsplattform

Die Chronik der Krämerbrücke in Zahlen

- **742:** bat der Missionar Bonifatius in einem Brief an den Papst um die Bestätigung von erphesfurt als Sitz eines neuen Bistums. Bonifatius steht damit am Beginn der urkundlich nachweisbaren Geschichte der Stadt Erfurt.
- **1110:** vermutlich schon erste hölzerne Brückenbauten über die Gera („Erpha") bei alter, namensgebender Furt des karolingerzeitlichen, nahe der Grenze des Fränkischen Reiches zu den Slawen gelegenen Handelsplatzes „Erphesfurt"
- **1124 bzw. 1177:** urkundliche Erwähnung der „capella St. Aegidii" am östlichen Brückenzugang
- **1156:** vom Blitzschlag „die beyden Kirchen sampt der Gassen bis aufs Rathaus in die Asche" gelegt
- **1175:** erstmalige urkundliche Erwähnung als „pons rerum venalium" anlässlich der Wiederherstellung von zwei Läden bzw. Krambuden
- **1293:** in den Jahrzehnten nach 1175 viele Brände, zuletzt 1293

Bonifatius-Skulptur am Rathaus

- **1293:** nach Brand der Ägidienkapelle betreibt der Rat zu Erfurt den Erwerb der Brückenrechte, um die oft abgebrannte hölzerne Krämerbrücke durch eine steinerne zu ersetzen
- **1325:** ist die Steinbrücke vollendet; sind auch massiv erneuert die beiden Kirchen an den Brückenköpfen
- **1327:** im Erdgeschoss der Ägidienkirche drei Läden, ein weiterer im gewölbten Turmgeschoß eingerichtet, der Spitzhelm 1392 aufgesetzt
- **1391:** Errichtung der überdachten „Mühlstege" südlich der Brücke
- **1472:** großer Stadtbrand, dabei St. Benedikt mit erfasst, die stark betroffene Brücke wird von den Krämern verlassen
- **bis 1486:** Brückeninstandsetzung mit Verbreiterung der alten Steinbrücke durch Vorlagen und Sprengwerke, Erneuerung der Fachwerkhäuser zu besserer Bewohnbarkeit und Rückkehr der Brückenkrämer
- **1510:** ab jetzt die deutsche Bezeichnung „Krämerbrücke" gebräuchlich
- **1582:** Dach und obere Westgiebelwand der Ägidienkirche zerstört, bis 1609 wiederhergestellt
- **im 16./17./18. Jh.:** werden Grundstücke bzw. Häuser auf der Brücke zusammengelegt und gehen immer mehr an die Handwerker über
- **1810:** die Benediktikirche in Privatbesitz, teilweise abgetragen und überbaut; 1896 totaler Abbruch, auch des Turmes zugunsten der daneben geplanten „Rathausbrücke"

- **1855:** Brand zerstört die fünf Häuser Nr. 23–27, danach vereinfacht wieder aufgebaut
- **1895:** scheitert der geplante Abbruch der „Krämerbrücke“ aus Kostengründen und städtebaulichen Überlegungen
- **1898:** entsteht nach Abbruch der Mühlengebäude und „Mühlstege“ die südlich parallel verlaufende „Rathausbrücke“ als neue Verkehrsverbindung zwischen Wenigemarkt und Benediktplatz
- **nach 1945:** unter anderem Wiederaufbau der kriegszerstörten Häuser Nr.12–14, Herrichtung der Ägidienkirche für die Evangelisch-methodistische Freikirche
- **60er-/70er-/80er-Jahre:** Neben Instandsetzungen an der Brückenkonstruktion erfolgen umfangreiche Haussanierungen und Fassadenwiederherstellungen
- **1985/86:** Reparatur, Verstärkung und Teilerneuerung des besonders schadhaften Mittelbereichs der Brückengewölbe mit neuem Straßenaufbau
- **1996:** Gründung der „Stiftung Krämerbrücke“ zur Unterstützung der Bauerhaltung, der Bewohnerinteressen und angemessenen Nutzungsentwicklung
- **2002:** Abschluss der grundhaften Sanierung der massiven Brückengewölbe
- **2017/18:** Neubau der Rathausbrücke, Neugestaltung der Grünflächen auf der Nordseite der Brücke
- **2025:** Stadt Erfurt feiert das Jubiläum „700 Jahre steinerne Krämerbrücke“

Verwendete Literatur

- Gerhard Kaiser, Rolf-Günther Lucke: Die Krämerbrücke in Erfurt, Kunstverlag Josef Fink, Lindenberg 1998
- Steffen Raßloff: Geschichte der Stadt Erfurt, Sutton Verlag, Erfurt 2012
- Steffen Raßloff: Kleine Geschichte der Stadt Erfurt, RhinoVerlag, Ilmenau 2016
- Heinz Stade: Leben und Arbeiten im Denkmal, H + L Verlag, Köln 2002
- Helga Brück: Von der Apfelstädt und der Gera zum Missouri, Glaux Verlag, Jena 2008
- Mitteilungen des Vereins für die Geschichte und Altertumskunde von Erfurt Heft 79/26, VDS, Neustadt an der Aisch 2018

Die Fayence- und Porzellanmanufaktur Reindel gehört seit rund 40 Jahren zur Krämerbrücke.

Weisheiten von Goethe und Schiller
Klassische Küchenkräuter
Klassische Heilkräuter
Klassische Gewürze
Homöopathische Hausapotheke
Gesundheit aus der Tasse
Das Monats- & Feiertagsbüchlein
Großmutters Küchentipps
Großmutters Haushaltstipps
Klassisches Gemüse und Wildgemüse
Klassisches Obst und Wildfrüchte
Mit Bauernregeln durch das Jahr
Kleines Thüringer Bratwurst-Buch
Kleines Thüringer Kloßbuch
Kleines Skatbuch
Klosterweisheiten
Großmutters Gesundheitstipps
Kleines Usedom-A-Z
Redewendungen auf der Spur
Die Rhino-Westentaschen-Bibliothek
Der Harz von A bis Z
Ilmenau von A bis Z
Futtern wie bei Luthern
bauhaus
Bibelsprüche
Das kleine Buch der Wettiner
Die Thüringer Landgrafen
Kleine Geschichte Thüringens
Der Rasende Roland
Kreuz & quer gedacht
Thüringer Klöster
Wiederentdeckte Kräuter
Besondere Kirchen in Thüringen
Kleine Geschichte Sachsens
Theodor Fontane – landauf, landab
Das kleine Wismarbuch
Der Brocken - Mythos und Wirklichkeit
Das kleine Buch der Thüringer Trachten
Der Molli
SCHLÖSSER- & BURGENLAND zwischen Saale und Unstrut
Das kleine Buch der SÄCHSISCHEN BURGEN & FESTUNGEN
Kleine GESCHICHTE MECKLENBURGS
Unser komplettes Programm finden
Sie im Internet unter: shop.vggh.de
Neuerscheinungen

Die Rhino-Westentaschen-Bibliothek
023 Thüringer Schlösser
024 Thüringer Burgen
026 Thüringer Kuchen & Plätzchen
027 Kleines Kürbisbuch
028 Buddhistische Weisheiten
029 Großmutters Gartentipps
030 Weimar von A bis Z
031 Kleines Berliner Mauerbuch
032 Rügen von A bis Z
033 Das kleine Ostseemöwen-Buch
035 iga, egapark, BUGA – Blumenstadt Erfurt
036 Heil- und Kräuterschnäpse
039 Großvaters Handwerkertipps
040 Weisheiten für den Gartenfreund
041 Kleines Ringelnatz-Buch
042 Das kleine Waldbeerenbuch
043 Das kleine Hochzeitsbuch
045 Kleine Geschichte der Stadt Erfurt
046 Kleine Geschichte der Stadt Gotha
070 Beethoven – Persönlichkeit, Schaffen, Mythos
071 Kleine Geschichte der Hanse
072 Kleine Geschichte der Stadt Dresden
073 Die Krämerbrücke
074 Küstenwind küsst Wüstenland
075 August der Starke
076 Kleines Thüringer Weinbuch
077 Marzipan & Nougat
078 Kleines Steakbuch
079 Das kleine Fehmarn-Buch
080 Kluge Köpfe rollen am schnellsten
081 Thüringer Tapas
082 Kleine Geschichte der Stadt Leipzig
083 Kleines Thüringer Porzellanbuch
084 Die deutsche Sprache ist ein Witz
085 Christian Morgenstern
086 Brotaufstriche
087 Das kleine Lavendelbuch
088 Barbarossa
089 Kleine Geschichte Sachsen-Anhalts
090 Suppen
Limericks & Schlimmericks
Küstenküche
Der Mini-Bildband RÜGEN
Störtebeker
RHINOVERLAG
Frühjahr 2024
RHINOVERLAG